ICH MAG MYTHOLOGIE

Der Trojanische Krieg

Text: Anastasia D. Makri
Illustration: Nikos Maroulakis

Aus dem Griechischen von
Sabine Manske und Danae Nadja Loisou-Manske

UNTER DER SCHIRMHERRSCHAFT VON

UNESCO
United Nations Educational, Scientific & Cultural Organization

CLUB FOR UNESCO OF THE DEPARTMENT OF PIRAEUS & ISLANDS
Petrou Ralli 210 & Thiseos 1 Nikea,
Tel.: 210 4967757, Fax: 210 4944564 - www.unescopireas.gr e-mail: unescop@otenet.gr

AGYRA
publications

Der Apfel der Zwietracht

In Phthia fand ein großes Fest statt. Der König Peleus heiratete Thetis, die erstgeborene Tochter des Nereus. Diese Hochzeit, die auf dem Olympus gefeiert wurde, war von Zeus vermittelt worden. Eingeladen waren alle Götter außer der Göttin Eris. Als sie davon erfuhr, geriet sie außer sich vor Zorn. Um sich zu rächen, nahm sie einen goldenen Apfel und schrieb „Der Schönsten" darauf. Damit war gemeint: „Möge die Schönste ihn bekommen!"

Danach warf sie den Apfel in Richtung Hera, Athene und Aphrodite. Sofort brach ein großer Streit unter den Göttinnen aus, weil alle drei ihn für sich beanspruchten.

Somit befanden sich Zeus, aber auch die anderen Götter, in einer sehr schwierigen Lage. Welcher Göttin sie den Apfel auch zusprechen würden, die Feindschaft der anderen wäre die Folge. Deshalb beschloss Zeus, einen anderen die Entscheidung treffen zu lassen. Er rief Hermes und sagte ihm, er solle die drei Göttinnen auf den Berg Idi bei Troja bringen. Dort sollte Paris, der Sohn des Königs Priamos, die Schönste benennen.

Sofort führte Hermes Zeus' Befehl aus und im nächsten Augenblick standen die Göttinnen vor einem hübschen Hirten, der niemand anderes als Paris war. Wie war es nun dazu gekommen, dass ein Prinz zum Hirten wurde? Die Erklärung lautet folgendermaßen:

Als Königin Hekabe, die Frau des Priamos, ihren jüngsten Sohn Paris zur Welt brachte, hatte sie einen schrecklichen Traum, der besagte, dass dieses Kind den Ruin von Troja herbeiführen werde. Um dieses Unheil abzuwenden, schickte ihn Priamos schon als Kind auf einen Berg, wo ihn ein Bär großzog. Als er zum jungen Mann heranwuchs, lernte er, Schafe zu hüten.

Aphrodite bekommt den Erisapfel

Als Paris die Göttinnen und den geflügelten Hermes erblickte, war er sehr verwirrt. Da trat Hermes zu ihm und erklärte ihm, was er zu tun habe. Die drei Göttinnen, die von der Schönheit des Paris geblendet waren, versuchten alle, ihn auf ihre Seite zu bringen. Hera versprach ihm, dass sie ihn zum Herrscher der Welt machen werde, wenn er ihr den Apfel gäbe. Athene versprach ihm, dass sie ihn weise machen werde, und Aphrodite schließlich, dass sie ihm helfen werde, die hübscheste Frau der Welt zu erobern, nämlich die schöne Königin Helena von Sparta. Paris überlegte eine Weile und dann kniete er vor Aphrodite nieder und überreichte ihr den goldenen Apfel.

Die Entführung der schönen Helena

Kurze Zeit darauf nahm Paris an dem Wettkampf im Bogenschießen teil, der in Ilios stattfand, und gewann. Als der Moment kam, wo Priamos ihm den Siegerkranz aufsetzten sollte, fragte er ihn nach seiner Herkunft.

Da erzählte ihm Paris seine Geschichte und, dass ihn ein Bär großgezogen hatte. Priamos erkannte gerührt, dass sich um seinen Sohn handelte, und entschloss sich, ihn bei sich zu behalten. Paris war begeistert von seinem neuen Leben und ergab sich den Genüssen und dem Luxus des Palastes. Eines Tages erklärte er seinem Vater, dass er den Wunsch habe, zu reisen und neue Orte kennenzulernen. Er erzählte ihm natürlich nicht von seinem eigentlichen Ziel, nämlich die schöne Helena zu entführen.

Die Reise war nicht leicht. Mit Hilfe der Göttin Aphrodite jedoch gelang es Paris, Sparta zu erreichen. Dort empfing ihn der König Menelaos sehr freundlich.

Als dieser aber gezwungen war, Sparta für eine Weile zu verlassen, nutzte Paris die Gelegenheit, um die schöne

Helena und die Schätze des Palastes zu rauben und nach Troja zurückzukehren.

Als Menelaos erfuhr, war geschehen war, wurde er zornig und forderte alle Könige auf, ihm zu helfen. Und so entschieden sie alle gemeinsam, Troja aufgrund dieser Beleidigung den Krieg zu erklären. Sie versammelten sich also im Hafen von Avlida, um mit ihren Schiffen loszusegeln. Der einzige, der fehlte, war Achilleus, den seine Mutter Thetis im Palast des Königs von Skyros versteckt hatte. Aber der listenreiche Odysseus fand ihn und überzeugte ihn, mit ihnen zu ziehen.

Die Opferung der Iphigenie

Agamemnon, der Bruder des Menelaos und König von Mykene, war Anführer des Feldzugs. Sie waren zum Aufbruch bereit, aber es herrschte Windstille, sodass sie die Anker nicht lichten konnten. Die Göttin Artemis, die zornig auf Agamemnon war, weil dieser eine ihrer heiligen Hirschkühe erlegt hatte, hielt die Winde zurück. Der Seher Kalchas erklärte ihnen, dass Agamemnon seine erstgeborene Tochter Iphigenie opfern müsse, um ihren Zorn zu besänftigen.

Schweren Herzens teilte Agamemnon seiner Frau Klytaimnestra mit, sie möge ihre Tochter nach Aulis bringen, weil er angeblich entschieden hatte, sie mit dem tapferen Achilleus zu verheiraten. Die arme Mutter begleitete nichts ahnend ihre Tochter im Hochzeitsgewand, aber als sie in Aulis ankamen, erwartete sie anstelle einer Hochzeit ein Opfer.

Zum Glück änderte Artemis in letzter Sekunde ihre Meinung. Sie entriss das schöne Mädchen den Händen des Priesters und umhüllte es mit einer Wolke. An seiner Stelle ließ sie eine Hirschkuh zurück und so entkam Iphigenie. Klytaimnestra aber schwor, sich an ihrem Mann zu rächen.

Die Ankunft der Griechen in Troja

Als Wind aufkam und die Segel der Schiffe blähte, brachen die Griechen auf. Sobald sie in Troja ankamen, umstellten und belagerten sie die Stadt.

Aber nach neun langen Jahren der Belagerung war es ihnen immer noch nicht gelungen, in die Stadt einzudringen. Viele Krieger aus beiden Lagern kamen ums Leben. Unter ihnen befanden sich Achilleus und Hektor, der mutige Sohn des Priamos. Was die Götter betraf, stellten sich einige auf Seiten der Griechen, andere auf Seiten der Trojaner.

Das Trojanische Pferd

Zehn Jahre waren vergangen und der Krieg nahm kein Ende. Die Griechen waren so erschöpft, dass sie in ihre Heimat zurückkehren wollten. Alle waren verzweifelt. Da kam dem listenreichen Odysseus die Idee, Agamemnon vorzuschlagen, aus Holz ein riesiges, innen hohles Pferd zu bauen, das so genannte Trojanische Pferd.

So geschah es auch. Als sie das Pferd fertiggestellt hatten, zogen sie es vor die Festung und ließen es dort stehen. Anschließend verbreiteten sie das Gerücht, dass sie sich bereit machten abzuziehen und dass das Pferd eine Gabe für den Gott Apollon sei. Im Inneren des Pferdes aber verbargen sich viele Männer, unter ihnen auch Odysseus. Als die Trojaner das Holzpferd bemerkten, zogen sie es in die Stadt und widmeten es ihrem geliebten Gott Apollon. Vergeblich warnten sie die Seherin Kassandra,

Tochter des Priamos, und Laokoon, der Priester Apollons, dass dies eine List der Griechen sei und sie sich nicht täuschen lassen sollten.

Die Trojaner glaubten, dass sie der Griechen ledig seien. Also aßen und tranken sie den ganzen Tag und feierten das Ende des Krieges. Und als die Dunkelheit einsetzte, waren alle in der ganzen Stadt erschöpft und betrunken. Keiner von ihnen ahnte, was folgen sollte...

Die Zerstörung Trojas

Als es nun stockdunkel war, stiegen die eingeschlossenen Männer aus dem Pferd und öffneten die Tore der Mauer sperrangelweit. So konnte das Heer der Griechen in die Stadt stürmen und das große Massaker begann. Troja stand in Flammen und die Griechen töteten in einer Nacht gnadenlos jeden, der ihnen in den Weg trat, und raubten alle Schätze, die sie im Palast und in den reichen Häusern fanden. Die schöne Helena nahmen sie mit und, als sie fortzogen, steckten sie die Stadt von einem Ende bis zum anderen in Brand.

Von der königlichen Familie verschonten sie keinen Mann. Sogar die Prinzessin Polyxena töteten sie vor den Augen ihrer armen Mutter Hekabe, die sie zusammen mit Kassandra und Andromache, der Frau des Hektor, als Sklavinnen mitnahmen. Diese waren verzweifelt und voller Schmerz und Trauer über den Verlust ihrer Liebsten und die Zerstörung ihrer Heimat.

Die Rückkehr

Die Heimreise begann. Die Götter aber waren aufgrund der Zerstörung, die die Griechen in der Stadt Troja angerichtet hatten, sehr zornig auf sie. Daher beschlossen sie, den listenreichen Odysseus, der die Idee mit dem Trojanischen Pferd gehabt hatte, aber auch den Oberbefehlshaber Agamemnon, der zugelassen hatte, dass die Griechen eine ganze Stadt in Trauer versetzen, hart zu bestrafen. Als die Griechen also bereit waren, gen Heimat aufzubrechen, stifteten die Götter Zwietracht zwischen Menelaos, Agamemnon, und Odysseus und diese traten ihren Heimweg getrennt an.

Das Ende Agamemnons und die Rückkehr des Menelaos

Als Agamemnon entschied, seine Tochter Iphigenie zu opfern, füllte sich Klytemnaistras Herz mit Hass auf ihn. Die Jahre vergingen und Klytemnaistra glaubte nicht, dass ihr Mann zurückkehren werde. Sie hatte sogar einen jungen Mann namens Aigisthos geheiratet. Auch hatte sie ihre Tochter Elektra mit einem armen Dorfbewohner verheiratet und ihren Sohn Orestes fortgeschickt, damit ihre Kinder kein Anrecht auf den Thron hätten.

Als Agamemnon im Palast ankam, hatte er Kassandra als Sklavin mitgenommen. Klytemnaistra tat, als sei sie froh über seine Rückkehr. Kassandra jedoch ahnte ihr und Agamemneons Ende. Und tatsächlich: Als Agamemnon sein Bad beendet und Kassandra ihn mit Ölen eingerieben hatte, warf Klytemnaistra ein Tuch über sie und tötete beide. Doch auch sie und Aigisthos erwartete kein besseres Ende. Ihre zwei Kinder brachten sie um und verließen danach Mykene für immer. So wurde das Königreich des Agamemnon ausgelöscht.

Was Menelaos betraf, vergab dieser der schönen Helena und zog mit ihr gen Heimat, wo er auch nach vielen Abenteuern ankam. Die Götter bestrafen auch ihn und er kämpfte sieben Jahre lang mit der wilden See. Nachdem sie in Sparta angekommen waren, verbrachte er seine restlichen Lebensjahre in Frieden.

Was vom Trojanischen Krieg übrig blieb...

Zehn Jahre hatte der Trojanische Krieg gedauert. Was übrig blieb, war eine verelendete Stadt, Tote in beiden Lagern, Kummer und Schmerz. Kein Krieg ist zu etwas nütze, im Gegenteil. Er bringt das Schlechteste im Menschen zum Vorschein. Die Griechen achteten nicht einmal die Tempel und Altare der Götter. Viele ließen ihren letzten Atem weit entfernt von ihrer Heimat. Agamemnon erlitt einen schrecklichen Tod und sein Königreich wurde ausgelöscht. Die Schätze, die er mitbrachte, schenkten ihm weder Glück, noch konnten sie sein Leben retten.

Derjenige aber, für den die Heimfahrt am schwersten war, war der listenreiche Odysseus...

Rätsel und Spiele – Illustration: Akis Melachris

Welchem Weg muss der König Menelaos folgen,
um zu seiner Frau, der schönen Helena, zu gelangen?

Mal die Flächen mit den Punkten schwarz aus,
um zu sehen, was hier abgebildet ist!

Kannst du die neun Unterschiede zwischen
dem oberen Bild und seinem Schatten finden?

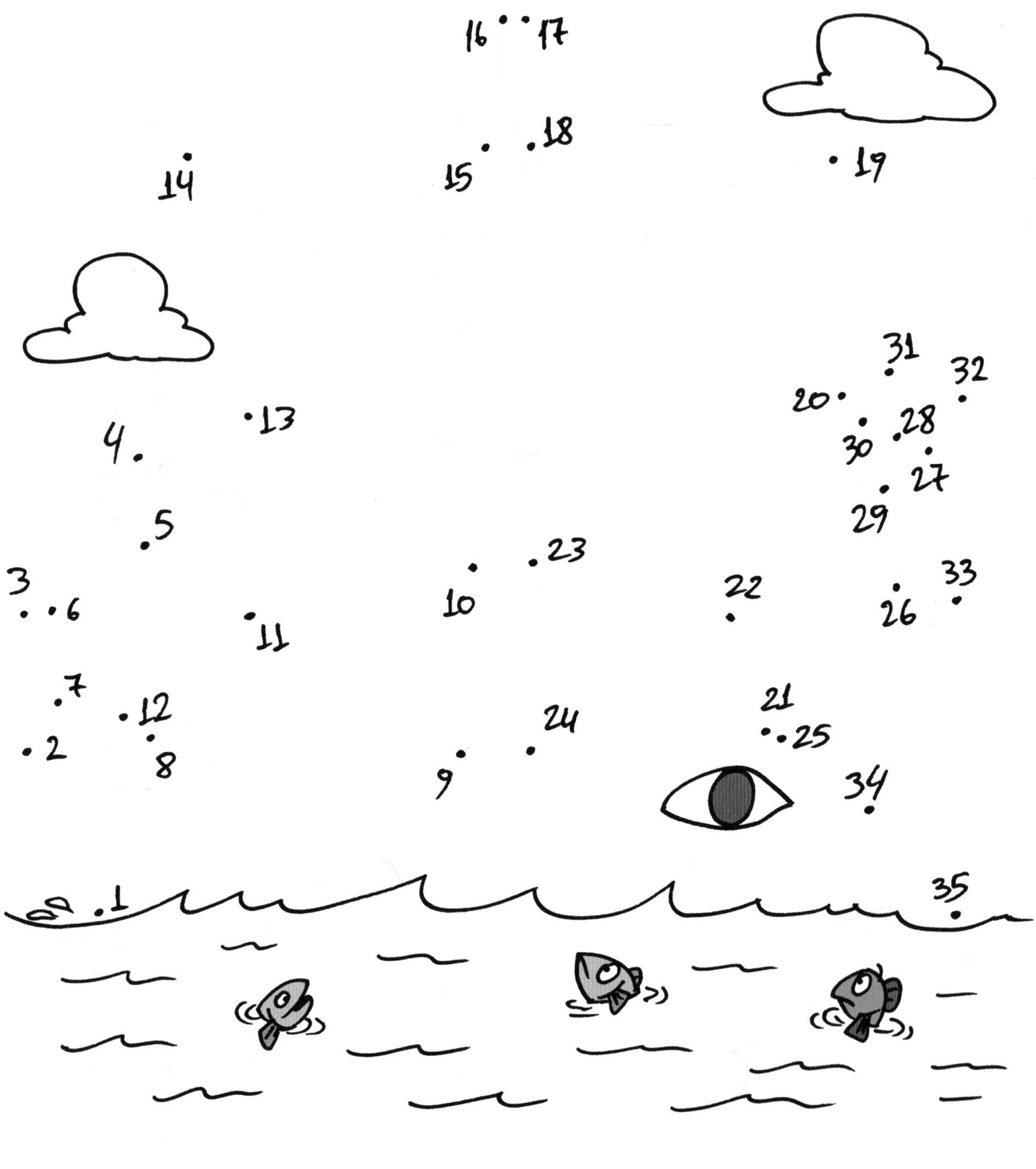

Verbinde die Punkte von 1 bis 35, um zu sehen,
was hier abgebildet ist!

Kannst du herausfinden, welcher
Schatten Paris gehört?

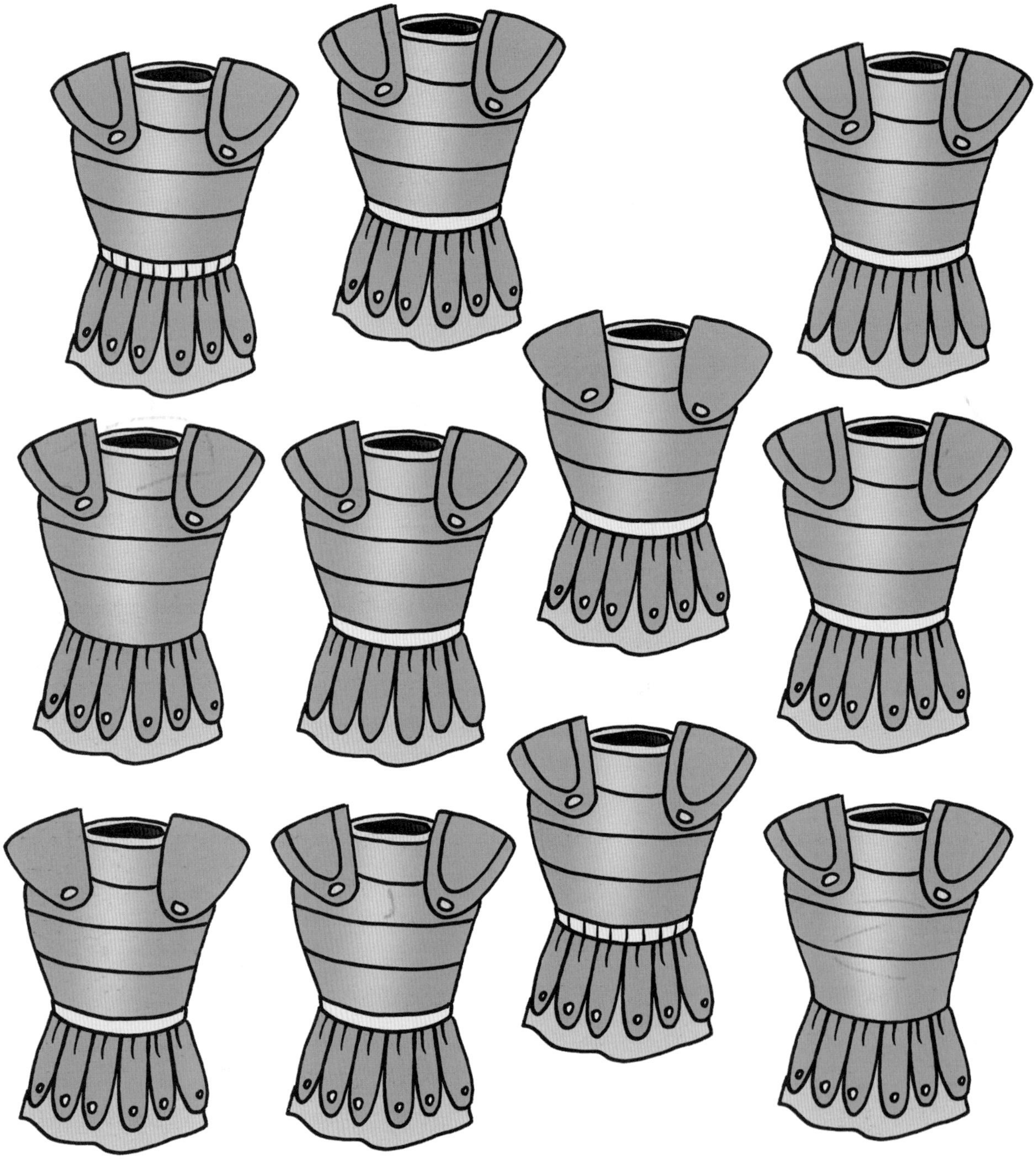

Jeweils zwei der abgebildeten Rüstungen sind gleich.
Eine bleibt übrig. Kannst du sie entdecken?

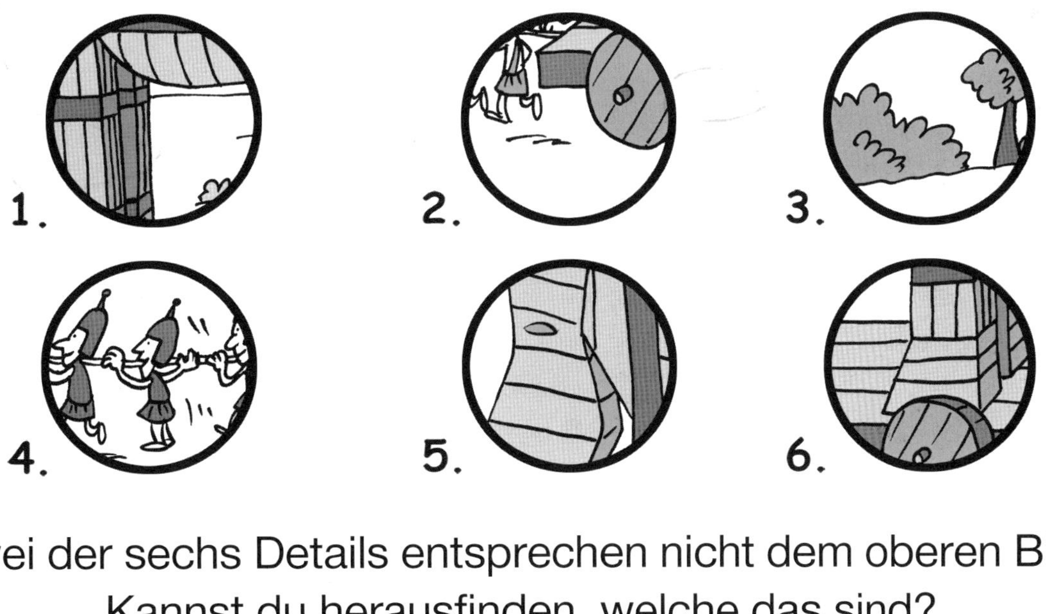

Zwei der sechs Details entsprechen nicht dem oberen Bild.
Kannst du herausfinden, welche das sind?

Bring die Buchstaben in die richtige Reihenfolge, um herauszufinden, nach wem sich Agamemnon sehnt!

Auf diesem Bild gibt es zwei Gegenstände, die nicht zu den anderen passen. Kannst du sie finden?

1

2

3

Auf den Abbildungen 2 und 3 gibt es je 3 Unterschiede gegenüber dem ersten Bild. Kannst du sie finden?

Kannst du herausfinden, welcher Schatten Achilleus gehört?

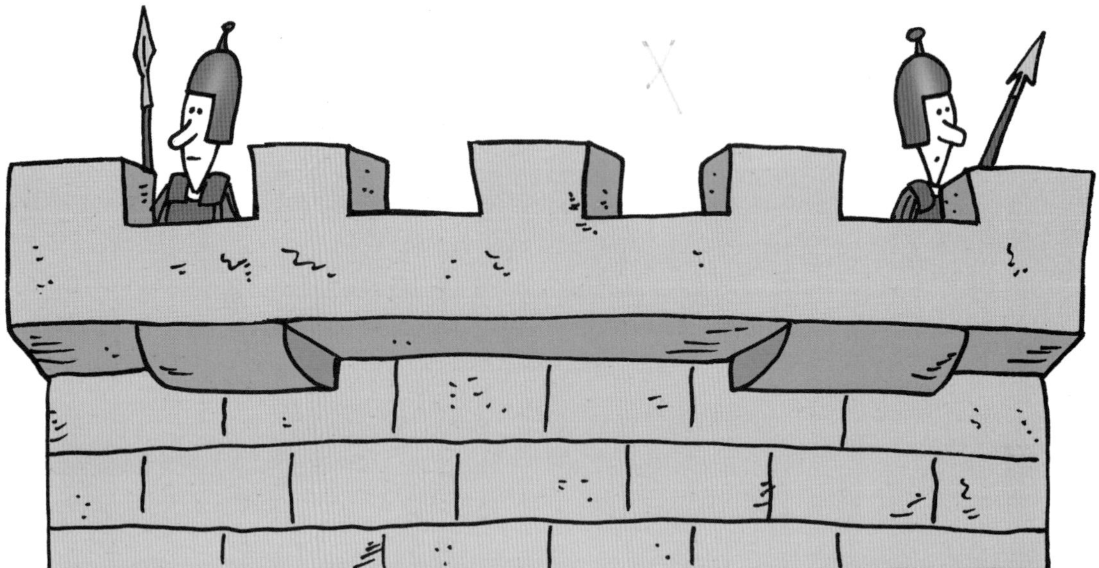

A	G	A	M	E	M	N	O	N	A	P	M	Ä	H
L	I	P	H	I	G	E	N	I	E	R	N	I	H
U	S	M	Y	P	A	Ü	H	P	Z	I	U	E	E
F	K	E	Ä	Z	T	E	O	N	C	A	Ö	W	L
C	J	N	O	P	N	X	L	U	S	M	E	T	E
N	A	E	D	K	H	C	S	P	A	O	Y	S	N
X	K	L	Y	T	E	M	N	A	I	S	T	R	A
W	Ö	A	S	H	I	J	U	R	Z	Ä	B	K	D
L	H	O	S	Ü	S	W	Z	I	Q	U	J	Y	Ü
I	P	S	E	C	A	E	W	S	B	X	A	P	C
E	N	J	U	Ö	A	C	H	I	L	L	E	U	S
K	A	S	S	A	N	D	R	A	N	C	T	I	O

Hier sind waagerecht und senkrecht die Namen von zehn Griechen und Trojanern versteckt, die im Mythos vom Trojanischen Krieg eine Rolle spielen. Kannst du sie finden?

Welche Zahlen entsprechen dem Speer und dem Schwert, sodass die Rechnung aufgeht?

Jeweils zwei der abgebildeten Schilde sind gleich.
Eins bleibt übrig. Kannst du es entdecken?

Verbinde die Punkte von 1 bis 72,
um zu sehen, was hier abgebildet ist!

LÖSUNGEN

S. 17 dem Weg B

S. 18

S. 19

S. 21 der Schatten 5

S. 22

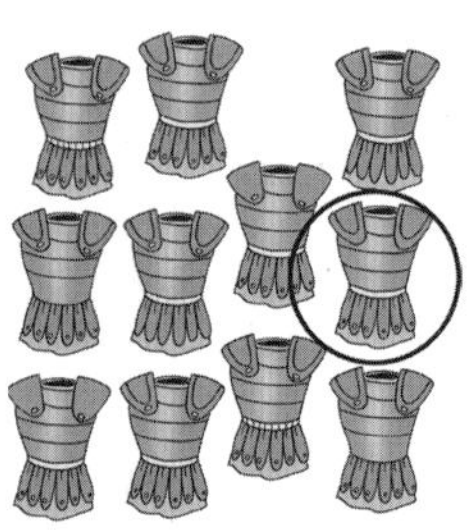

S. 23 die Details 5 und 6

S. 24 Agamemnon sehnt sich nach KLYTEMNAISTRA.

S. 25

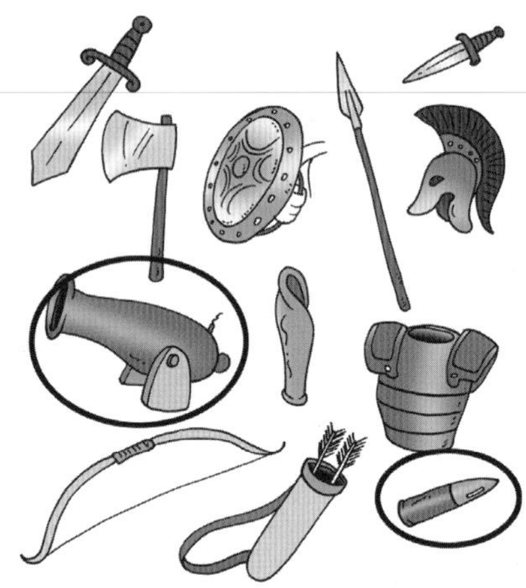

S. 26

S. 27 der Schatten 3

S. 28

S. 29 der Speer = 8, das Schwert = 6

S. 30

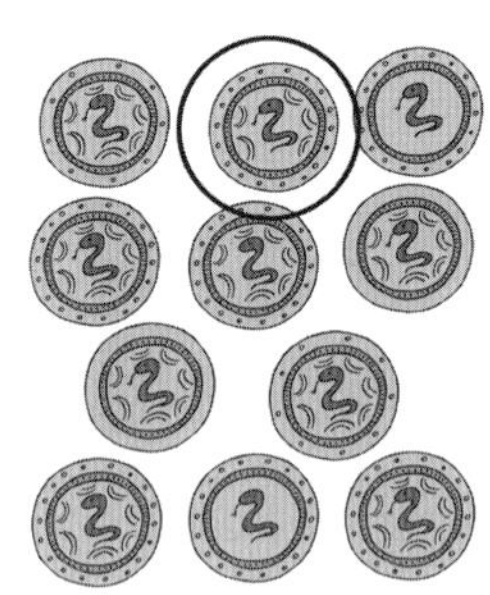

Umschlag und Gestaltung: Efthimis Dimoulas

This edition, May 2019
L. Katsoni Str. 271, Ag. Anargiroi, PLZ 135 62 Athen, Griechenland
Tel.: +30 210 2693800-4, Fax: +30 210 2693806-7, e-mail: info@e-agyra.gr, www.e-agyra.gr
ISBN: 978-960-547-149-1

Printed in Greece